Saori Laurent
Fotos von Isabelle Kanako

JAPANISCH KOCHEN
ganz einfach

Inhalt

Grundzutaten

Dashi

Eine japanische Brühe auf Algen- oder Fischbasis. Man kann sie ganz einfach selbst zubereiten oder in Pulverform kaufen.

Sojasauce

Diese Sauce besteht aus fermentierten Sojabohnen, Weizen und Salz. Sie verleiht Gerichten ein zugleich salziges und kräftiges Aroma. Sojasauce wird meist ganz zum Schluss hinzugefügt, um den Eigengeschmack eines Gerichts nicht zu überlagern. Sojasauce kann durch glutenfreie Tamari ausgetauscht werden.

Essig

In der japanischen Küche wird Reisessig verwendet, der inzwischen auch in vielen deutschen Supermärkten erhältlich ist. Sie können ihn notfalls durch Weißwein-, Apfel- oder weißen Balsamicoessig ersetzen.

Mirin

Der süße Reiswein hat einen Alkoholgehalt von ca. 14 Vol.-% und wird nur zum Würzen verwendet. Alternativ können Sie Weißwein in derselben Menge verwenden.

Sesamöl

Ich verwende Öl aus geröstetem Sesam, das ich am Schluss zum Aromatisieren an die Gerichte gebe.

Zucker

Zucker ist aus der japanischen Küche nicht wegzudenken. Neben seinem Eigengeschmack verstärkt Zucker das Aroma der anderen Zutaten.

Miso

Die fermentierte Paste besteht aus gegorenen Sojabohnen, Reis oder Gerste, die mit Salz und Koji vermischt werden.

Koji

Koji ist ein Pilz, der bei der Herstellung von Sake, Sojasauce, Miso und weiteren Produkten der japanischen Küche zum Einsatz kommt. Der Umamibooster wird aus mit dem Pilz versetzten fermentierten Reis gewonnen.

Reis

Der Geschmack von japanischem Reis ist unvergleichlich. Sollten Sie keinen bekommen können, wählen Sie stattdessen einen anderen Rundkornreis. In Japan wird zur Zubereitung ein Reiskocher verwendet, aber man kann Reis auch gut auf dem Herd garen.

Nori

Die getrockneten Blätter der Rotalgen werden hauptsächlich zur Herstellung von Maki-Sushi und Onigiri verwendet. Noriblätter lassen sich gut mit einer Schere auf die gewünschte Größe zuschneiden.

Aonori

Das Pulver aus Grünalgen wird häufig zum Garnieren und Aromatisieren von Gerichten benutzt.

Kombu

Der getrocknete Seetang (Kelp) bildet die Grundlage für die japanische Dashibrühe.

Wakame

Diese Algen sind in getrockneter Form erhältlich und werden vor allem für Misosuppe verwendet.

Bonitoflocken

Die Flocken werden von getrocknetem Echtem Bonito abgehobelt, der Fisch ist mit Makrele und Thunfisch verwandt.

Azukibohnen

Diese roten Bohnen werden für Süßspeisen verwendet und sind in Asiamärkten gezuckert in Dosen erhältlich. Man kann sie durch andere rote Bohnenkerne ersetzen.

Yuzu

Die japanische Zitrusfrucht mit ihrem charakteristischen Geschmack ist hierzulande kaum erhältlich. In Asiamärkten kann man Yuzusaft kaufen.

Matcha

Dieses Pulver aus grünem Tee wird in der japanischen Teezeremonie verwendet – oder für Süßspeisen und Gebäck.

Kinako

Das Mehl aus gerösteten Sojabohnen wird für Gebäck benutzt. Man kann es auch mit Milch vermischen oder unter Joghurt rühren.

Perfekt gegarter japanischer Reis

Gohan

•

Gegarter Reis bildet die Grundlage der japanischen Küche. In Deutschland kocht man Reis in Salzwasser, was in der japanischen Küche verpönt ist.

•

Vorbereitung
5 Minuten

Garen
25 Minuten

Es ist ideal, wenn der Reis vor dem Garen 30–60 Minuten in kaltem Wasser ruht. Dadurch kann der Reis das Wasser gut aufnehmen.

Zutaten für 2–4 Personen

- 300 g Sushireis oder anderer Rundkornreis*
- 450 ml Wasser

*Ergibt etwa 700 g gegarten Reis.

Zubereitung

1 Den Reis unter fließendem kaltem Wasser waschen, bis das Wasser klar bleibt.

2 Den Reis in einen Topf geben und das Wasser zugießen.

3 Bei mittelstarker Hitze zum Kochen bringen.

4 Das Wasser kurz sprudelnd kochen lassen, dann die Temperatur auf kleinste Stufe stellen. Einen dicht schließenden Deckel auflegen und den Reis 12 Minuten quellen lassen.

5 Den Herd ausstellen und den Reis noch 10 Minuten ruhen lassen.

Der Deckel sollte auch nach dem Abschalten des Herds nicht abgenommen werden, damit der Reis im Dampf weitergaren kann.

Dashibrühe

Dashi

Dashibrühe ist eine wichtige Basiszutat in der japanischen Küche. In Deutschland kann man sie in kleinen Beuteln abgepackt als Granulat bekommen, das einfach in kochendem Wasser aufgelöst wird. Dashibrühe kann auch wie hier nur mit Kombu und Bonitoflocken zubereitet werden. Diese Brühe können Sie in jedem Rezept anstelle von Dashipulver und Wasser verwenden.

Vorbereitung
5 Minuten

Ziehen
30 Minuten

Garen
15-20 Minuten

Zutaten für 2-4 Personen

- 10 g Kombu
- 1 Liter Wasser
- 15 g Bonitoflocken

Zubereitung

1. Die Algen mit Küchenpapier abwischen.
2. In einem Topf mit dem Wasser übergießen und mindestens 30 Minuten darin ziehen lassen.
3. Den Herd auf niedrigste Stufe stellen und das Wasser etwa 10 Minuten erhitzen.
4. Kurz bevor das Wasser kocht, den Herd ausschalten und den Kombu herausnehmen.
5. Nun das Wasser zum Kochen bringen.
6. Den Herd ausschalten und die Bonitoflocken ins Wasser geben.
7. So lange ziehen lassen, bis die Flocken vollgesogen sind und auf den Boden sinken.
8. Eventuell vorhandenen Schaum abschöpfen.
9. Ein Sieb mit Küchenpapier auslegen und die Brühe abseihen.
10. Die Brühe kann nun weiterverarbeitet werden. Kombu und Bonitoflocken können Sie noch für die Zubereitung von Tsukudani, der beliebten japanischen Reiswürze (siehe Seite 68) verwenden.

1 une
2 deux
3 trois

Misosuppe

Misoshiru

Misosuppe gehört in Japan zu jedem Essen dazu.
Man kann Sie mit saisonalen Zutaten variieren.

Vorbereitung
5 Minuten

Garen
5–10 Minuten

Zutaten für 2 Personen

- 1 TL Dashipulver
- 400 ml Wasser
- 1 TL Wakame
- ¼ Zwiebel
- 120 g Tofu
- 1 EL Misopaste

Zubereitung

1. Das Dashipulver ins Wasser rühren oder 400 ml frisch zubereitete Dashibrühe (siehe Seite 12) verwenden und erhitzen. Inzwischen den Wakame in einer kleinen Schüssel mit kochendem Wasser übergießen, damit die Algen sich entfalten.

2. Die Zwiebel schälen, in Streifen schneiden und in die Dashibrühe geben. Mit aufgelegtem Deckel 2–3 Minuten köcheln lassen.

3. Tofu und ausgedrückte Wakame zufügen und 1–2 Minuten weiterköcheln lassen.

4. Den Herd ausschalten und nach und nach die Misopaste einrühren. Die Misosuppe darf nicht mehr kochen, sonst verliert sie an Geschmack.

Misopaste löst sich leichter auf, wenn Sie sie in ein kleines Sieb geben und über dem Topf durchstreichen. Dadurch wird die Textur glatter und eventuell vorhandene feste Bestandteile werden herausgefiltert.

Für Misosuppe kann man jede Art von Gemüse, Pilzen, Fisch und Meeresfrüchten verwenden. Passen Sie die Garzeit entsprechend an.

Reisbällchen mit Thunfisch-Mayo

Onigiri Tsuna-mayo

Dieser Snack eignet sich wunderbar zum Mitnehmen für die kleine Pause zwischendurch – wie belegte Brote.

Vorbereitung
15 Minuten

Garen
25 Minuten
für den Reis

Zutaten für 6 Onigiri

- 1 Dose Thunfisch im eigenen Saft (90–100 g Nettogewicht)
- 3 EL Mayonnaise
- Salz und Pfeffer
- 600–720 g gekochter Reis (100–120 g pro Onigiri)
- 2 Noriblätter

Zubereitung (Abbildungen siehe Seite 18–19)

1. Den Thunfisch abtropfen lassen, in eine Schüssel geben und mit der Mayonnaise vermischen. Salzen und pfeffern. Eine kleine Schüssel mit Wasser ausspülen und eine Reisportion (100–120 g) hineingeben.
2. Einen gestrichenen Teelöffel der Thunfisch-Mayo-Mischung in die Mitte füllen und mit Reis bedecken. Eine weitere Schüssel mit Wasser bereitstellen. Jedes Noriblatt mit der Küchenschere in drei gleich große Streifen schneiden.
3. Die Hände mit Wasser befeuchten, dann etwas Salz in eine Handfläche streuen. Den Reis mit der Füllung aus der Schüssel nehmen.
4. Den Reis zunächst zu einer Kugel, dann zu einem dicken Dreieck formen.
5. Auf einen Noristreifen legen und umwickeln.
6. Etwas Thunfisch-Mayo auf den Reis geben.

Sie können sich das Formen des Reisbällchens erleichtern, indem Sie es in Frischhaltefolie wickeln und in der Folie modellieren.

Reisbällchen lassen sich am besten formen, solange der Reis noch warm ist. Reisreste einer Mahlzeit deshalb am besten gleich nach dem Essen verarbeiten.

Yakiniku-Sauce

Yakiniku-sosu

Diese Sauce passt sehr gut zu gebratenem Fleisch, insbesondere zu Grillfleisch nach koreanischer Art oder Kurzgebratenem.

Vorbereitung
5 Minuten

Garen
2-3 Minuten

Zutaten für 2 Personen

1 kleine Knoblauchzehe • 2 EL Apfelsaft • 4 EL Sojasauce • 2 EL Zucker • 1 TL geriebener Ingwer • 1 TL geröstetes Sesamöl • 1 EL helle Sesamsaat

Zubereitung

1. Den Knoblauch reiben und mit Apfelsaft, Sojasauce, Zucker und Ingwer in einem kleinen Topf vermischen, dann auf mittlerer Stufe erhitzen.
2. Das Sesamöl und die Sesamsaat unterrühren. Abkühlen lassen.

Die Sauce schmeckt auch zu geröstetem Gemüse, gebratenem Fisch oder gebratenem Reis mit Gemüse.

Ponsu-Sauce

Ponzu-shoyu

Diese Zitrussauce wird in der japanischen Küche häufig verwendet. Salaten verleiht sie eine angenehm säuerliche Note, sie passt auch gut zu gebratenem Gemüse, Pilzen, Tofu, Gyoza – und sogar zu Sushi!

Vorbereitung

5 Minuten

Zutaten für 2–4 Personen

¼ Zitrone (falls erhältlich Yuzu, eine japanische Zitrusfrucht) • 2½ EL Sojasauce • 1½ TL Dashipulver • 2 TL Zucker

Zubereitung

1 Alle Zutaten verrühren – und fertig ist die Sauce!

2 Sie lässt sich bis zu einer Woche aufbewahren.

Okonomiyaki-Sauce

Okonomiyaki-sosu

Diese Sauce schmeckt süßlich-salzig und gehört zu Okonomiyaki (siehe Seite 32), japanischen Pfannkuchen. Sie passt aber auch zu gebratenem Gemüse.

Vorbereitung
5 Minuten

Garen
3-5 Minuten

Zutaten für 2–4 Personen

2 EL Worcestershiresauce • 2 EL Ketchup • 1 EL Sojasauce • 3 TL Zucker • 1 EL Honig • ½ TL Dashipulver

Zubereitung

1 Alle Zutaten in einem kleinen Topf verrühren und 3-5 Minuten erhitzen.

Remoulade

Tarutaru-sosu

Remoulade kann zu Fleisch, Fisch oder Gemüse gereicht werden.
Sie passt sehr gut zu Ebifurai (siehe Seite 42) und allen anderen frittierten Gerichten.

Vorbereitung
5 Minuten

Garen
11 Minuten

Zutaten für 4 Personen

2 Eier • 3 Cornichons • ¼ Zwiebel • 3 Stängel Petersilie • 4 EL Mayonnaise • 1 TL Zucker • Salz und Pfeffer

Zubereitung

1. Die Eier 10 Minuten hart kochen, anschließend hacken. Cornichons, geschälte Zwiebel und Petersilie ebenfalls separat hacken.
2. Die Zwiebel maximal 1 Minute in der Mikrowelle erhitzen.
3. Alle Zutaten in eine Schüssel geben, verrühren und abschmecken.

Maki-Sushi

Maki-zushi (Futomaki/Hosomaki)

Maki-Sushi ist eine von vielen Sushi-Zubereitungen und bedeutet »gerolltes Sushi«. Diese Maki werden auch als Norimaki bezeichnet. Die dünnen Hosomaki enthalten meist nur eine Zutat, die dicken Futomaki mehrere.

Vorbereitung

30–40 Minuten

Garen

25 Minuten fürs Reiskochen und knapp 5 Minuten, um die Essigmischung für den Sushireis herzustellen

Zutaten für 2 Rollen

dicke Maki (24 Stücke) oder 3–4 Rollen dünne Maki (18–24 Stücke)

- 700 g gekochter Rundkornreis (je 200 g für dicke Rollen, je 80 g für dünne Rollen)
- 50 ml Reisessig
- 50 g Zucker
- 5 g Salz
- 4 Noriblätter (für dünne Rollen die Blätter mit einer Schere halbieren)
- Füllung nach Wahl (siehe Seite 26)

Zubereitung (Abbildungen siehe Seite 27)

Sushireis

1 Für die Essigmischung Essig, Zucker und Salz in einer kleinen Schüssel verrühren und in der Mikrowelle oder in einem kleinen Topf unter Rühren erhitzen, bis der Zucker aufgelöst ist.

2 Die Essigmischung über den warmen, frisch gekochten Reis träufeln und dann unterheben. Dabei den Reis mit einem Fächer abkühlen.

3 Den Reis vollständig auskühlen lassen (jedoch nicht in den Kühlschrank stellen), damit sich die Noriblätter beim Kontakt mit dem Reis nicht zusammenziehen.

Sobald der Reis kalt ist, können Sie mit dem Rollen beginnen (siehe Seite 26/27).

Anfangs ist der Reis mit der Essigmischung ziemlich feucht, was kein Grund zur Sorge ist. Nach einer Weile wird die Flüssigkeit vom Reis aufgesogen.

Die Reiskörner sollten beim Unterheben nicht zerdrückt werden.

Zum Setsubun-Fest im Februar, das den Beginn des Frühlings ankündigt, isst man die dicken Futomaki als ganze Rolle, ohne sie zuvor in Stücke zu schneiden. Die Rollen haben meist eine andere Füllung und schmecken süßlich.

Für die Rollen (dick oder dünn)

4 Ein Noriblatt mit der glatten Seite nach unten auf eine Rollmatte legen. Eine Portion Reis darauflegen und bis an die Seitenränder verteilen. An der oberen Kante 1,5–2 cm frei lassen.

5 Die Füllung so auf den Reis legen, dass die schweren Zutaten näher bei Ihnen liegen und die leichteren weiter oben. So lässt sich das Sushi besser aufrollen.

6 Zum Rollen der Sushi wie auf den Abbildungen rechts vorgehen.

7 Ein großes Messer mit einem nassen Küchentuch anfeuchten und die Rolle zügig in gleich große Stücke schneiden.

Füllung nach Wahl

- Gurke
  Die Gurke auf die Länge des Noriblatts zurechtschneiden.
  Dann die Gurke längs halbieren und die wässrigen Kerne herausschaben.
  5-6 Streifen abschneiden und die restliche Gurke anderweitig verwenden.
- roher Thunfisch
- roher Lachs
- Surimi
- Omelett (Rezept siehe unten)

Vorbereitung
5 Minuten

Garen
5 Minuten

Für 4 Sushirollen
- 2 Eier
- ½ EL Milch
- ½ EL Zucker
- Salz und Pfeffer
- Pflanzenöl

Omelett für Maki-Sushi

1 Die Eier mit den übrigen Zutaten in einer Schüssel verquirlen.

2 Etwas Öl in einer Pfanne auf mittlerer Stufe erhitzen.

3 Das Omelett von beiden Seiten braten, bis das Ei gestockt ist.

4 Nach Belieben in Streifen schneiden.

1
2
Die Hände mit etwas Wasser anfeuchten, damit der Reis nicht an den Fingern klebt.
3
4
5
6
7
8

Japanische Kartoffelkroketten

Jagaimo no korokke

Das Wort »Korokke« leitet sich tatsächlich von »Kroketten« ab.

Vorbereitung
20 Minuten

Garen
10 Minuten

Zutaten für 4 Kroketten (2–4 Personen)

- 2 große Kartoffeln
- ½ Zwiebel
- 100 g Rinderhackfleisch
- 1 EL Milch
- Salz und Pfeffer
- Pflanzenöl zum Frittieren

Für die Panade

- Mehl
- 1 Ei
- Panko (japanische Semmelbrösel, in vielen Supermärkten erhältlich)

Zubereitung

1. Die Kartoffeln ungeschält in einen Topf geben, mit Wasser bedecken und gar kochen. Leicht abkühlen lassen.
2. Die Zwiebel schälen und würfeln. Etwas Öl in einer Pfanne erhitzen und die Zwiebel und das Hackfleisch darin braten.
3. Die Kartoffeln pellen, in eine Schüssel geben und stampfen. Milch, gebratene Zwiebel und Hackfleisch zufügen.
4. Mit Salz und Pfeffer würzen und alles gut vermischen.
5. Aus der Masse vier Kroketten formen.
6. Zum Panieren Mehl, verquirltes Ei und Semmelbrösel in je einen tiefen Teller geben.
   - Die Kroketten zunächst im Mehl wenden.
   - Anschließend durchs Ei ziehen.
   - Zuletzt im Panko wälzen.
7. Öl in einer tiefen Pfanne erhitzen (die Temperatur sollte 170–180 °C betragen) und die Kroketten darin frittieren. Alternativ eine Fritteuse benutzen.

Damit die Korokke beim Frittieren nicht auseinanderfallen sollten die Rohlinge gut gekühlt sein.

Frittierte Hähnchenstücke

Tori no kara'age

Dies ist ein sehr beliebtes japanisches Gericht, es wird in vielen Restaurants angeboten. Frittierte Hähnchenstücke sind auch häufig in Bento-Boxen enthalten.

Vorbereitung
25 Minuten

Marinieren
30 Minuten

Garen
5-8 Minuten

Zutaten für 2 Personen

- 300 g Hähnchenfleisch (am besten entbeinte Hähnchenschenkel)
- Salz und Pfeffer
- 1 große Knoblauchzehe
- 1 kleines Stück Ingwer
- 2 EL Sojasauce
- 1 EL Mehl
- 2 EL Speisestärke
- Pflanzenöl zum Frittieren

Zubereitung

1. Das Hähnchenfleisch in 5-6 cm große Stücke schneiden und rundum mit Salz und Pfeffer bestreuen.
2. Knoblauch und Ingwer schälen und reiben, dann mit der Sojasauce in einer Schüssel verrühren.
3. Das Hähnchenfleisch darin wenden und 20 Minuten marineren.
4. Das Fleisch aus der Marinade nehmen, abtropfen lassen und mit Küchenpapier abwischen.
5. Mehl und Stärke in einer weiteren Schüssel vermischen.
6. Das Fleisch in der Mehlmischung wenden.
7. Das Öl in einen Topf geben und auf 180 °C erhitzen. Die Hähnchenstücke ggf. portionsweise 5-8 Minuten darin frittieren. Wenn Sie zu viele Stücke ins Öl geben, sinkt die Temperatur und das Fleisch gart nicht durch.

Zum Marinieren oder
Panieren kann man das
Hähnchenfleisch auch
in Gefrierbeutel geben.

Japanische Pfannkuchen

NACH KANSAI-ART

Okonomiyaki – Kansaifu

Okonomiyaki aus der Region Kansai (Umgebung von Kioto und Osaka) sind herzhafte Pfannkuchen, die mit Kohl zubereitet werden. Verfeinert werden sie mit Fleisch, Meeresfrüchten und weiteren Zutaten.

Vorbereitung
20 Minuten

Garen
15–20 Minuten

Zutaten für 3 Pfannkuchen

Für den Teig

- 100 g Mehl Type 550
- 30 g Kartoffelstärke
- 2 g Backpulver
- 1 TL Dashipulver
- 1 TL Zucker
- 1 Prise Salz
- 150 ml Wasser
- 1 Ei

Außerdem

- 350 g Spitzkohl
- 100 g Schweinefilet
- 2 EL geriebener Käse
- Öl zum Braten

Zum Garnieren

- Bonitoflocken
- Aonori (Grünalgenpulver)
- Mayonnaise (nach Belieben)

Zubereitung

1. Mehl, Stärke, Backpulver, Dashipulver, Zucker und Salz in einer Schüssel vermengen.
2. Das Wasser zugießen und alles glatt rühren.
3. Das Ei zugeben und gut verrühren.
4. Den Kohl in feine Streifen und das Fleisch in kleine Würfel schneiden. Zusammen mit dem Käse unter den Teig heben. Weitere Zutaten können jetzt hinzugefügt werden.
5. Das Öl in einer Pfanne auf kleiner bis mittlerer Stufe erhitzen und ein Drittel des Teigs hineingeben. Etwa 2 cm dick verteilen. Den Deckel auflegen und den Okonomiyaki braten, bis die Unterseite fest und goldbraun ist. Wenden und von der anderen Seite braten.
6. Den Okonomiyaki auf einen Teller gleiten lassen. Okonomiyaki-Sauce (siehe Seite 22) darauf verstreichen und mit Bonitoflocken und Aonori bestreuen. Nach Belieben mit Mayonnaise beträufelt servieren.

Japanische Maultaschen

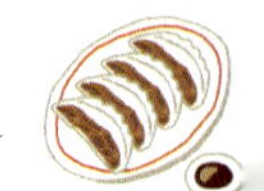

Yaki-Gyoza

Es macht großen Spaß, japanische Maultaschen zusammen mit Freunden oder der Familie zuzubereiten – und zu essen.

Vorbereitung
20 Minuten

Garen
10–15 Minuten

Zutaten für 35–40 Maultaschen

- 200 g Chinakohl
- 1 Frühlingszwiebel
- 1 kleines Stück Ingwer
- 1 Knoblauchzehe
- 250 g Schweinehackfleisch
- Salz und Pfeffer
- 1 TL Mehl
- 40 Gyoza-Teigblätter

Für die Sauce

- 1 EL Sojasauce
- 1 EL Reisessig
- ein paar Tropfen Chiliöl (nach Belieben)

Zum Garen

- Oliven- oder Pflanzenöl
- 100 ml sehr heißes Wasser
- 1 EL geröstetes Sesamöl

Zubereitung (Abbildungen siehe Seite 36–37)

1 Für die Füllung Chinakohl und Frühlingszwiebel in kleine Stücke schneiden. Ingwer und Knoblauch schälen und fein reiben. Das Hackfleisch in eine Schüssel geben.

2 Kohl, Frühlingszwiebel, Ingwer und Knoblauch zum Hackfleisch geben. Mit Salz und Pfeffer würzen.

3 Alles gut mit der Hand vermengen. Zum Zusammenkleben der Teigtaschen etwas Wasser in eine Schüssel füllen und das Mehl einrühren.

4 Nun die Teigtaschen wie auf der folgenden Doppelseite zubereiten. Dafür eine gut walnussgroße Portion Hackmischung mittig auf ein Gyoza-Teigblatt legen.

5 Das Gyoza-Teigblatt zum Halbmond zusammenklappen.

6 Die Teigränder mit den Fingern in Falten legen.

7–8 Etwas Öl in einer großen Pfanne auf mittlerer Stufe erhitzen und die Maultaschen hineinlegen.

9–10 Das heiße Wasser zugießen und den Deckel auflegen. Inzwischen für die Sauce die Sojasauce mit dem Essig verrühren. Nach Belieben ein paar Tropfen Chiliöl zufügen.

11–12 Das Wasser so lange kochen lassen, bis es verdampft ist. Das Sesamöl zufügen und die Maultaschen noch 3–5 Minuten braten, bis sie knusprig braun sind. Zum Servieren die Sauce dazu reichen.

1
2
3
4
5
6

7
8
9
10
11
12

Tempura

Tempura

Tempura ist ein etwas anspruchsvolleres Gericht.
In Japan gibt es viele darauf spezialisierte Restaurants.

Vorbereitung
20 Minuten

Frittierdauer
- Zucchini, Paprika, Shiitake: je 1 Minute
- Süßkartoffel: 3 Minuten
- Garnelen: 2-3 Minuten

Zutaten für 2-4 Personen

- 120 ml kaltes Wasser
- 30 g Mayonnaise
- 50 g Mehl, plus 2 EL mehr zum Bestäuben
- 20 g Kartoffelstärke
- 1 kleine Süßkartoffel mit Schale, in 1 cm dicken Scheiben
- 1 Zucchini, in 6 Steifen von 5-6 cm Länge
- 1 Paprikaschote (Farbe nach Wahl), entkernt und geachtelt
- 4 Shiitake
- 4 Garnelen
- Öl zum Frittieren

Für die Sauce

- 120 ml Wasser
- 1 TL Dashipulver
- 1 EL Zucker
- 1 EL Sojasauce
- 1 Stück Rettich, gerieben

Zubereitung (Abbildungen siehe Seite 40-41)

Für die Vorbereitung der Garnelen siehe Seite 42.

1-2 Wasser und Mayonnaise in einer mittelgroßen Schüssel vermischen.

3-5 Mehl und Stärke zusammen durch ein Sieb zur Wassermischung in die Schüssel geben. Den Teig kurz verrühren, siehe Tipp Seite 40.

6-7 Die vorbereiteten Gemüsesorten und Garnelen mit Mehl bestäuben, dann im Teig wenden und überschüssigen Teig abklopfen.

8-9 Das Öl in einem Topf auf 180 °C erhitzen und die Zutaten darin portionsweise frittieren. Dabei zuerst das Gemüse mit dem mildesten Geschmack zubereiten und zum Schluss die Garnelen.

10 Für die Sauce Wasser, Dashipulver, Zucker und Sojasauce in einem Topf erhitzen. Abkühlen lassen und in Portionsschalen geben. Den geriebenen Rettich separat dazu reichen und erst kurz vor dem Servieren einrühren.

Alle Zutaten, auch das Wasser, sollten vor der Verarbeitung gut gekühlt sein, damit das Tempura schön knusprig wird.

1

2

3

4

Den Teig mit Kochstäbchen oder mit einer Gabel 4–5-mal umrühren. Wenn man zu lange rührt, wird er zu zäh. Klümpchen und trockenes Mehl dürfen noch vorhanden sein.

5

6

7

8

9

10

Tempura wird mit einer Sauce gegessen, die unmittelbar vor dem Essen mit geriebenem Rettich verfeinert wird. Der Rettich erfrischt und hilft, das Frittierte leichter zu verdauen.

Frittierte Garnelen

Ebifurai

Das im japanischen Namen enthaltene Wort »furai« kommt von »frittieren«. Dieses Gericht liegt mitunter schwer im Magen, deshalb wird es in Japan gern mit geraspeltem Kohl serviert.

Vorbereitung
20 Minuten

Frittieren
3-5 Minuten

Zutaten für 4 Personen

- 2-4 große rohe Garnelen pro Person
- Salz
- 1 EL Kartoffelstärke
- Mehl zum Panieren
- 1-2 Eier, verquirlt
- Panko (japanische Semmelbrösel, in vielen Supermärkten erhältlich)
- Salz und Pfeffer

Für die Remoulade

- 2 Eier
- 3 Cornichons
- ¼ Zwiebel
- 3 Stängel Petersilie
- 4 EL Mayonnaise
- 1 TL Zucker
- Salz und Pfeffer

Zubereitung der Remoulade siehe Seite 23.

Zubereitung

Vorbereitung der Garnelen

1. Die Garnelen schälen, aber das Schwanzende intakt lassen. Den Darmfaden mithilfe eines Zahnstochers entfernen.
2. Den oberen Teil der Schwanzspitze gerade abschneiden. Austretende Flüssigkeit mit Küchenpapier abwischen.
3. Die Garnelen in eine Schüssel legen. Mit Salz und Kartoffelstärke bestreuen, um den Geruch zu binden.
4. Die Garnelen mit kaltem Wasser abspülen und mit Küchenpapier trocken tupfen (siehe Tipp gegenüberliegende Seite).
5. Damit die Garnelen beim Frittieren gerade werden, an der Bauchseite 3-4-mal leicht einschneiden. Wenden und an mehreren Stellen zusammendrücken, dabei hört man ein leichtes Knacken.

Panieren und frittieren

6. Die vorbereiteten Garnelen mit Salz und Pfeffer bestreuen. Mehl, Eier und Panko separat in tiefe Teller füllen. Die Garnelen zuerst im Mehl wenden, dann durchs Ei ziehen und schließlich im Panko wälzen.
7. Die Garnelen nun noch einmal durchs Ei ziehen und im Panko wälzen.
8. Das Öl in einem Topf auf 170 °C erhitzen und die Garnelen darin – ggf. portionsweise – 3-5 Minuten frittieren. Mit Remoulade servieren.

Wenn im Schwanzbereich
der Garnelen Wasser ist,
spritzt es beim Frittieren heraus.
Deshalb sollte es zuvor sorgfältig
abgewischt werden.

Gedünsteter Fisch

Sakana no nitsuke

In Japan gibt es viele einfache, leckere Fischgerichte.
Reis passt dazu besonders gut.

Vorbereitung
5 Minuten

Garen
10-15 Minuten

Zutaten für 2-4 Personen

- 350-400 g Weißfischfilet, z.B. vom Seehecht
- 1 mittelgroßes Stück Ingwer
- 100 ml Wasser
- 3 TL Zucker
- 2 EL Mirin
- 2½ EL Sojasauce
- Gemüse (nach Belieben), z.B. Pilze, Lauch, Okraschoten, Möhren

Zubereitung

1. Den Fisch in eine flache Schale legen und zum Blanchieren mit kochendem Wasser übergießen.
2. Den Ingwer schälen und in dünne Scheiben schneiden.
3. 100 ml Wasser, Zucker, Mirin, Sojasauce und die Ingwerscheiben in einen Topf geben und alles auf hoher Stufe zum Kochen bringen.
4. Den Fisch und, falls verwendet, das Gemüse zufügen, die Hitze auf kleine Stufe reduzieren und alles 10 Minuten köcheln lassen. Während des Garens Alufolie auf den Fisch legen, damit er die Brühe besser aufnehmen kann.

Seehecht lässt sich sehr gut durch Dorade oder jeden anderen Weißfisch ersetzen, mit oder ohne Haut.

Geflügelfleischbällchen

Tori tsukune

Geflügelfleischbällchen werden meist in speziellen Yakitori-Restaurants serviert. Entweder ist die Fleischmasse rund oder länglich geformt und auf den Spieß gesteckt.

Vorbereitung
20 Minuten

Garen
15 Minuten

Zutaten für 8 Spieße

- ½ Zwiebel
- Öl zum Braten
- 300 g Hähnchenfleisch
- 1 Eiweiß
- Salz und Pfeffer
- 1 EL Kartoffelstärke
- 1 TL Sojasauce
- Schnittlauchröllchen
- 8 Holzspieße

Für die Sauce

- 2 EL Sojasauce
- 2 EL Mirin
- 2 TL Zucker

Zubereitung

1. Die Zutaten für die Sauce in einer Schüssel verrühren.
2. Die Zwiebel schälen, hacken und in einer Pfanne in etwas Öl braten. Abkühlen lassen.
3. Das Hähnchenfleisch fein hacken, dann mit Eiweiß, Salz, Pfeffer, Stärke, Sojasauce und Zwiebel vermischen.
4. Aus der Masse 16 Bällchen formen.
5. Etwas Öl auf mittlerer Stufe in der Pfanne erhitzen und die Fleischbällchen darin rundum goldbraun braten.
6. Die Sauce zugießen und etwas eindicken lassen.
7. Je 2 Fleischbällchen auf einen Holzspieß stecken und gleichmäßig auf vier Teller verteilen.
8. Die restliche Sauce aus der Pfanne über die Spieße gießen und diese mit den Schnittlauchröllchen garnieren.

Tsukune können auch mit süßlicher Teriyaki-Sauce (Fertigprodukt) serviert werden. Dann werden sie zusätzlich in Eigelb gedippt.

Reisschale mit Hähnchen & Ei

Oyakodon

»Oyako« bedeutet auf Japanisch »Eltern und Kinder«, weil dieses Gericht aus Huhn und Ei besteht. »Don« bedeutet »Reisschale«.

Vorbereitung
10 Minuten

Garen
10 Minuten

Zutaten für 2 Personen

- 300 ml Wasser
- 1 TL Dashipulver
- 2 TL Zucker
- 2 TL Mirin
- 2 TL Sojasauce
- ½ Zwiebel
- 250 g Fleisch von entbeinten Hähnchenkeulen
- 3 Eier
- 350–400 g gekochter Reis
- Schnittlauchröllchen zum Garnieren

Zubereitung

1 Das Wasser in einen Topf geben und das Dashipulver einrühren, alternativ 300 ml selbst gemachte Dashibrühe (siehe Seite 12) verwenden. Zucker, Mirin und Sojasauce zugeben und alles auf mittlerer Stufe erhitzen.

2 Die Zwiebel schälen und hacken, das Hähnchenfleisch in 3–4 cm große Würfel schneiden.

3 Zwiebel und Fleisch in die Brühe geben.

4 Die Eier verquirlen und etwa die Hälfte davon in den Topf geben. Den Deckel auflegen und köcheln lassen, bis das Fleisch gar ist.

5 Das restliche Ei zugießen und wieder abdecken. Den Herd ausschalten und alles 30 Sekunden ruhen lassen.

6 Den Reis auf zwei Schalen verteilen und die Hähnchenfleischmischung darübergeben.

7 Mit Schnittlauch garnieren und servieren.

Reisschale mit paniertem Schnitzel & Ei

Katsudon

Katsudon ist ein schlichtes japanisches Gericht aus Reis, Ei und Schweineschnitzel. »Katsu« kommt vom englischen Wort »cutlet« gleichzeitig bedeutet es »gewinnen«. Deshalb essen Schüler dieses Gericht gern vor einer wichtigen Prüfung.

Vorbereitung
15 Minuten

Garen
10–15 Minuten

Zutaten für 1 Person

- 1 Schweineschnitzel
- Salz und Pfeffer
- Mehl
- 1 Ei, verquirlt
- Panko (japanische Semmelbrösel)
- Öl zum Braten
- ½ Zwiebel
- 100 ml Wasser
- 1 TL Dashipulver
- 1 EL Zucker
- 1 EL Sojasauce
- 2 Eier, verquirlt
- 180–200 g gekochter Reis
- Schnittlauchröllchen

Zubereitung

1. Das Schweinefleisch auf beiden Seiten leicht einschneiden.
2. Mit Salz und Pfeffer würzen.
3. Für die Panade Mehl, Ei und Panko separat in tiefe Teller geben. Das Schnitzel zuerst im Mehl wenden, dann durchs Ei ziehen und schließlich im Panko wälzen.
4. Das Öl in einem Topf auf 170 °C erhitzen und das Schnitzel darin 5–6 Minuten von beiden Seiten braten.
5. Das gebratene Schnitzel in 1,5 cm breite Streifen schneiden. Die Zwiebel schälen, halbieren und in feine Streifen schneiden.
6. Wasser, Dashipulver, Zucker, Sojasauce und Zwiebel in einen Topf geben.
7. Bei mittlerer Hitze kochen, bis die Zwiebel glasig ist.
8. Die Schnitzelstreifen in den Topf geben und mit etwas Sauce begießen.
9. Die Hitze reduzieren und zwei Drittel vom Ei darübergeben.
10. Den Deckel auflegen und 1–2 Minuten stocken lassen.
11. Den Herd ausschalten, das restliche Ei zugießen und wieder abdecken.
12. 30 Sekunden ruhen lassen.
13. Den Reis in eine Schale füllen und das Schnitzel mit Ei und Zwiebel darauflegen. Mit Schnittlauch garnieren.

Sie können das Schnitzel im Voraus zubereiten und im Tiefkühler aufbewahren. So haben Sie immer ein leckeres Gericht auf Vorrat.

Schnitzel können Sie auch mit anderen Zutaten als Beilage servieren, zum Beispiel mit geraspeltem Kohl.

Reisschale mit Lachs & Avocado

Sarumon to abokado-don

Wenn Ihnen mal die Zeit fehlt, um eine frische Mahlzeit zuzubereiten und sich im Kühlschrank noch etwas gekochter Reis befindet, dann ist dies ein tolles Rezept. Mit einer Misosuppe serviert ist es sogar eine ausgewogene Mahlzeit.

Vorbereitung
5 Minuten

Garen
entfällt

Zutaten für 1 Person

- 2 EL Sojasauce
- 1 TL Zucker
- 1 TL Dashipulver
- 1 TL geröstetes Sesamöl
- 120 g roher Lachs in Sashimiqualität
- ½ Avocado
- 180–200 g gekochter Rundkornreis
- helle Sesamsaat
- Noristreifen, alternativ Noriblätter mit einer Schere in Streifen geschnitten

Zubereitung

1. Für die Sauce Sojasauce, Zucker, Dashipulver und Sesamöl in einer Schüssel vermischen.
2. Lachs und Avocadofruchtfleisch in Würfel schneiden.
3. Mit der Sauce übergießen.
4. Den gekochten Reis in einer Schüssel in der Mikrowelle erwärmen und die Lachs-Avocado-Mischung darübergeben.
5. Mit Sesam und Nori garniert servieren.

Der Lachs kann durch rohen Thunfisch ersetzt werden. Auch Eigelb und Schnittlauch eignen sich sehr gut zum Garnieren.

Reissuppe mit Ei

Tamago zosui

Diese Suppe gilt als Schonkost bei Krankheiten, weil sie wärmt und leicht verdaulich ist.

Vorbereitung
5 Minuten

Garen
15 Minuten

Zutaten für 1 Person

- 120 g gekochter Rundkornreis
- 300 ml Wasser
- 1 TL Dashipulver
- ¼ Karotte
- 1 TL Sojasauce
- 1 Ei, verquirlt

Zum Garnieren

- Schnittlauchröllchen
- helle Sesamsaat
- Noristreifen, alternativ Noriblätter mit einer Schere in Streifen geschnitten

Zubereitung

1 Den gekochten Reis (noch warm oder kalt) mit Wasser und Dashipulver in einen Topf geben. Die Karotte schälen, sehr fein würfeln und zufügen.

2 Alles auf hoher Stufe zum Kochen bringen. Dann die Hitze reduzieren und die Suppe 8–10 Minuten köcheln lassen.

3 Die Sojasauce zugeben und das Ei einrühren.

4 Den Topf vom Herd nehmen und die Suppe in eine Schale geben. Mit Schnittlauch, Sesam und Nori garniert servieren.

Sie können die Suppe nach Belieben mit Gemüse, Pilzen, Hähnchenfleisch oder Fisch verfeinern. Auch Langkornreis eignet sich dafür.

Omelett mit Reis

Omuraisu

»Omu« ist eine Anleihe aus dem Französischen und steht für »Omelett« und »raisu« für »Reis«. Das Lieblingsessen vieler japanischer Kinder.

Vorbereitung
10 Minuten

Garen
20 Minuten

Zutaten für 1 Person

Für die Füllung

- ½ Knoblauchzehe
- ¼ Zwiebel
- 30–40 g Kochschinken
- ¼ grüne Paprikaschote
- 2 TL Oliven- oder Pflanzenöl
- Salz und Pfeffer
- 160 g gekochter Rundkornreis
- 3 EL Ketchup

Für das Omelette

- 10 g Butter
- 2 Eier

Zubereitung (Abbildungen siehe Seite 58–59)

1–2 Knoblauch und Zwiebel schälen und hacken. Kochschinken und Paprika in kleine Würfel schneiden. Das Öl auf mittlerer Stufe in einer beschichteten Pfanne erhitzen und Knoblauch und Zwiebel darin anbraten.

3 Schinken und Paprika zufügen und alles mit Salz und Pfeffer würzen.

4 Den gekochten Reis (noch warm oder kalt) zugeben.

5–6 Den Ketchup zufügen und alles verrühren. Mit Salz und Pfeffer abschmecken und in eine Schüssel füllen.

7 Für das Omelett die Butter in der Pfanne bei mittlerer Hitze zerlassen.

8 Die Eier verquirlen und in der Pfanne garen.

9–10 Solange das Ei oben noch nicht ganz gestockt ist, die Reismischung daraufgeben.

11–12 Die Pfanne wie auf Foto 11 auf Seite 59 anheben und das Ei über das Omelett ziehen.

13 Das fertige Omelett auf einen Servierteller gleiten lassen.

Nachdem Sie den Reis zubereitet haben, wischen Sie die Pfanne mit Küchenpapier aus und bereiten darin das Omelett zu. So brauchen Sie nur eine Pfanne.

1

2

3

4

5

6

7

8
9
10
11
12
13

Japanisches Curry

Kare raisu

Japanische Kinder lernen in der Schule die Zubereitung von Curry. Und für viele Japaner ist dies das erste Gericht, das sie selbst kochen können. Es ist einfach und schmeckt gut!

Vorbereitung
10 Minuten

Garen
35-40 Minuten

Zutaten für 4 Personen

- 250 g Hähnchenbrustfilet
- 2 Zwiebeln
- 1 Knoblauchzehe
- 2 Kartoffeln
- 1 Karotte
- 1 EL Oliven- oder Pflanzenöl
- 750 ml Wasser
- 4 Würfel japanische Currypaste (erhältlich im japanischen Lebensmittelgeschäft oder im Internet), alternativ eine fertige Currysauce verwenden oder selbst herstellen: 100 g Butter in einem Topf auf mittlerer Hitze schmelzen. Mit dem Schneebesen 50 g Mehl einrühren, dabei sollen keine Klümpchen entstehen, dann 3-4 EL Currypulver einrühren. Alles 3-4 Minuten unter Rühren anschwitzen und zur Fleischmischung geben.
- 700-800 g gekochter Rundkornreis

Zubereitung

1. Das Fleisch in 2-3 cm große Würfel schneiden. Zwiebeln und Knoblauch schälen und hacken. Die Kartoffeln in 4 cm große Stücke und die Karotte in 2 cm große Stücke schneiden.
2. Das Öl in einem großen Topf erhitzen und Knoblauch und Zwiebeln darin anbräunen. Das Hähnchenfleisch zugeben und ebenfalls rundum anbraten.
3. Kartoffel- und Karottenstücke einrühren.
4. Das Wasser zugießen und alles zum Kochen bringen. Die Hitze reduzieren, den Deckel auflegen und 10 Minuten köcheln lassen.
5. Eventuell aufsteigenden Schaum entfernen und den Topf vom Herd nehmen. Die Currypastenwürfel zugeben und unter Rühren auflösen.
6. Den Topf zurück auf den Herd setzen und das Curry bei geringer bis mittlerer Hitze 10 Minuten weiterköcheln. Ab und zu rühren, damit nichts am Topfboden ansetzt. Mit dem gekochten Reis servieren.

Für ein gutes Curry ist es wichtig, dass Knoblauch und Zwiebeln gut durchgegart sind.

Grüne Bohnen mit Sesam

Ingen no goma'ae

Sesam wird häufig als Zutat in der japanischen Küche verwendet. Durch seine wertvollen Nährstoffe soll er dabei helfen, bestimmten Krankheiten vorzubeugen. Dieses Gericht kann als Beilage oder Vorspeise serviert werden.

Vorbereitung
5 Minuten

Garen
10 Minuten

Zutaten für 2 Personen

- 200 g grüne Bohnen
- 3 EL Sesamsaat
- 1 TL Dashipulver
- 2 TL Zucker
- 1 EL Sojasauce

Zubereitung

1. Die Bohnen putzen und in 5 cm lange Stücke schneiden.
2. In kochendem Salzwasser bissfest garen. Abtropfen lassen und in eine Schüssel geben.
3. Den Sesam im Mörser zerstoßen.
4. Alle Zutaten zu den Bohnen in die Schüssel geben und gut vermischen.
5. Abkühlen lassen.

Die grünen Bohnen können durch Spinat, Brokkoli oder grünen Spargel ersetzt werden.

Eine sehr beliebte Beilage sind Edamame, die tiefgekühlt in Asiamärkten erhältlich sind. Die gefrorenen Bohnen 2 Minuten in sprudelnd kochendem Wasser garen, abgießen und mit Meersalz bestreuen. Warm oder kalt servieren. Zum Essen die Bohnenkerne aus der Hülse drücken und sofort verzehren. Edamame sind ein gesunder Snack und eignen sich auch hervorragend als Vorspeise.

Pikante Schwarzwurzelpfanne

Kimpira gobo

Dieses Gericht heißt auf Japanisch »Kimpira« und hat einen süßlich-sauren Geschmack. Es kann verschiedene Wurzelgemüsesorten enthalten, wichtig ist jedoch, dass sie alle in dünne Streifen geschnitten sind. In Japan isst man Kimpira sehr gern als Beilage. Üblicherweise wird es mit der japanischen Klettenwurzel »Gobo« zubereitet, die gut durch Schwarzwurzel ersetzt werden kann.

Vorbereitung
10 Minuten

Garen
5-8 Minuten

Zutaten für 2–3 Personen

- 200 g Schwarzwurzel
- ½ Karotte
- 1 Knoblauchzehe
- 1 EL Pflanzenöl
- 1 TL geröstetes Sesamöl
- 100 g Rinderhackfleisch
- 2 EL Zucker
- 1 Prise Cayennepfeffer
- 3 EL Sojasauce
- helle Sesamsaat

Falls Ihnen Cayennepfeffer zu scharf ist, können Sie ihn auch weglassen.

Zubereitung

Schwarzwurzel

1. Die Schwarzwurzel dünn schälen.
2. Zuerst schräg in Scheiben schneiden, dann in feine Streifen.
3. Damit sie sich nicht verfärben, in kaltes Wasser legen.
4. Die Karotte schälen und ebenfalls in feine Streifen schneiden. Den Knoblauch schälen und hacken.
5. Die beiden Öle in eine Pfanne geben und auf mittlerer Stufe erhitzen. Knoblauch und Hackfleisch darin anbraten.
6. Schwarzwurzel und Karotte zugeben.
7. Zucker, Cayennepfeffer und Sojasauce unterrühren.
8. Alles etwa 5 Minuten dünsten.
9. Auf Tellern anrichten und mit Sesam garniert servieren.

Tofu-Steak

Tofu suteki

80 Prozent der Japaner essen mindestens einmal pro Woche Tofu. Er wird in verschiedenen Gerichten gedünstet, gebraten oder roh gegessen.

Vorbereitung
5 Minuten

Garen
10 Minuten

Zutaten für 2–3 Personen

- 500 g fester Tofu
- Salz und Pfeffer
- Speisestärke zum Bestreuen
- 15 g Butter
- Schnittlauchröllchen

Für die Sauce

- 100 ml Wasser
- 1 ½ TL Dashipulver
- 2 TL Zucker
- 4 TL Sojasauce

Zubereitung

1. Den Tofu in gleich große Scheiben schneiden. In Küchenpapier wickeln und überschüssiges Wasser vorsichtig ausdrücken.
2. Mit Salz und Pfeffer würzen.
3. Den Tofu mit der Speisestärke bestreuen, überschüssige Stärke abklopfen.
4. Die Butter in einer Pfanne bei mittlerer Hitze zerlassen und den Tofu darin von beiden Seiten goldbraun braten.
5. Die Zutaten für die Sauce in einer kleinen Schüssel verrühren. Statt Dashipulver und Wasser kann auch frisch zubereitete Dashibrühe verwendet werden (siehe Seite 12). Die Sauce in die Pfanne gießen.
6. Den Deckel auflegen und alles bei geringer Hitze 1–2 Minuten köcheln lassen.
7. Den Tofu auf einem Teller anrichten und mit Schnittlauch garniert servieren.

Reiswürze

Tsukudani

Tsukudani hat einen leicht süßlichen Geschmack und ist ein ideales Topping für Reis und eine leckere Füllung für Reisbällchen (siehe Seite 16).

Vorbereitung
5 Minuten

Garen
10 Minuten

Zutaten für 2–4 Personen

- 10 g Kombu (Seetang) von der Zubereitung der Dashibrühe (siehe Seite 12)
- 15 g Bonitoflocken von der Zubereitung der Dashibrühe (siehe Seite 12)
- 3 EL Sojasauce
- 2 EL Zucker
- 1 EL Mirin
- 1 EL Sesamsaat

Zubereitung

1. Den Seetang in kleine Stücke schneiden. Alle Zutaten bis auf den Sesam in einen kleinen Topf geben und bei niedriger Hitze so lange köcheln lassen, bis die Flüssigkeit verdampft ist.

2. In eine Schüssel füllen und mit Sesam garnieren.

Für Tsukudani können Sie den Topf verwenden, in dem Sie die Dashibrühe gekocht haben.

Japanisches Omelett

Tamago yaki

In Japan ist Omelett eine beliebte Zutat für Bento-Boxen. Üblicherweise wird es in einer eckigen Pfanne zubereitet, aber es funktioniert auch in einer kleinen runden.

Vorbereitung
5 Minuten

Garen
5 Minuten

Zutaten für 1 Omelett

- 4 Eier
- 1 EL Milch
- 1 gestrichener EL Zucker
- Salz und Pfeffer
- 1 EL Pflanzenöl, plus etwas mehr bei Bedarf

Zubereitung

1. Die Eier mit Milch, Zucker, Salz und Pfeffer in einer Schüssel verrühren.
2. Das Öl auf mittlerer Stufe in einer Pfanne erhitzen.
3. Eine Schöpfkelle Eimischung (etwa ein Viertel der Gesamtmenge) in die Pfanne geben. Sobald die Unterseite leicht gestockt ist, das Omelett zu einer Seite hin umklappen.
4. Eine zweite Kelle Eimischung in die Pfanne geben (ggf. mehr Öl zugeben), das flüssige Ei sollte dabei möglichst auch unter dem ersten Omelett verteilt werden. Leicht stocken lassen und über das erste Omelett klappen.
5. Eine dritte und vierte Kelle Eimischung in die Pfanne gießen und jeweils wie in Schritt 4 verfahren.
6. Zum Schluss das Omelett in vier oder mehr Stücke schneiden, je nach Bedarf.

Spaghetti auf japanische Art

Bekon to kinoko no wafu-pasuta

Auch in Japan isst man gern Nudeln. Erstaunlicherweise harmonieren typisch japanische Zutaten sehr gut mit Spaghetti.

Vorbereitung
5 Minuten

Garen
10–15 Minuten

Zutaten für 2 Personen

- 1 Knoblauchzehe
- 130–150 g Shiitake
- 50 g Baconscheiben
- 1 EL Olivenöl
- 200 g Spaghetti
- Salz
- 1 EL Sojasauce
- 10 g Butter
- Pfeffer
- Noristreifen, alternativ ein Noriblatt mit einer Schere in Streifen geschnittene

Zubereitung

1. Den Knoblauch schälen und in feine Scheiben schneiden. Die Pilze in feine Streifen schneiden.
2. Den Bacon in 1 cm breite Streifen schneiden.
3. Das Olivenöl in einer Pfanne auf kleiner Stufe erhitzen und den Knoblauch darin dünsten.
4. Sobald der Knoblauch zu bräunen beginnt, Shiitake und Bacon zugeben und alles bei mittlerer Hitze braten.
5. Die Spaghetti in einem Topf mit kochendem Salzwasser bissfest garen.
6. 6-8 Esslöffel Nudelkochwasser abnehmen und in die Pfanne mit der Pilzmischung geben. Auf niedrige Temperatur umschalten.
7. Sojasauce und Butter dazugeben.
8. Die Spaghetti ebenfalls in die Pfanne geben. Alles mit Salz und Pfeffer abschmecken und mit Noristreifen garniert servieren.

Für diese Zubereitung eignen sich alle Arten von Pilzen.

Udonpfanne

Yaki udon

Udon sind weiche, dicke Nudeln aus Weizenmehl, die in Japan sehr beliebt sind. Man kann sie kalt oder warm in Suppe essen oder – wie hier – braten.

Vorbereitung
5 Minuten

Garen
10 Minuten

Zutaten für 2 Personen

- ½ Zwiebel
- ¼ Karotte
- ¼ grüne Paprikaschote
- 1 Stück Lauch (5–6 cm)
- 3 Scheiben Bacon
- 1 EL Pflanzenöl
- 1 TL Dashipulver
- 100 ml Wasser
- 1 EL Sojasauce
- 2 Beutel vorgegarte Udon-Nudeln (à 200 g)
- Bonitoflocken
- Aonori

Zubereitung

1. Die Zwiebel schälen und hacken, Karotte und Paprika in feine Streifen und den Lauch in Ringe schneiden. Den Bacon in 1 cm breite Streifen schneiden.
2. Das Öl auf mittlerer Stufe in einer Pfanne erhitzen. Gemüse und Bacon darin 5 Minuten braten.
3. Dashipulver, Wasser, Sojasauce und Nudeln zugeben.
4. Abdecken und alles 2 Minuten garen.
5. Einmal durchrühren, den Deckel wieder auflegen und noch 1 Minuten auf geringer Hitze köcheln lassen.
6. Die Nudelmischung auf zwei Teller verteilen.
7. Mit Bonitoflocken und Aonori bestreut servieren.

Erdbeer-Mochi

Ichigo daifuku

Diese Reiskuchen, Mochi genannt, sind in Japan überaus populär, denn die Säure der Erdbeeren und die Süße der Bohnenpaste passen sehr gut zusammen.

Vorbereitung
20 Minuten

Garen
5-10 Minuten

Zutaten für 6 Kugeln

- 6 möglichst gleich große Erdbeeren
- 200 g Rote-Bohnen-Paste (siehe Seite 90)
- 100 g Klebreismehl
- 60 g Zucker
- 120 ml Wasser
- Speisestärke zum Bearbeiten des Teigs

Zubereitung (Abbildungen siehe Seite 78-79)

1-2 Die Erdbeeren von Hand entstielen. (Beim Schneiden mit dem Messer tritt Fruchtsaft aus.) 1-2 Esslöffel Bohnenpaste in eine Handfläche geben und eine Erdbeere hineinsetzen. Mit der Paste umhüllen, dabei darf die Erdbeerspitze noch zu sehen sein.

3 Klebreismehl und Zucker in einem Topf vermischen. Den Herd auf kleinste Stufe stellen und nach und nach unter Rühren das Wasser zugießen, bis ein elastischer, klebriger Mochi-Teig entsteht. Etwas Speisestärke in eine Schale geben und den Teig hineinlegen.

4 Den Teig auch von oben mit Stärke bestreuen.

5 Den Teig zu einem Strang formen.

6-7 Mit einem Messer in sechs gleich große Stücke zerteilen.

8 Den Teig mit den Fingern flach drücken.

9-10 Je eine vorbereitete Erdbeere in die Mitte des Teigs setzen und vorsichtig umwickeln.

11 Alle Kanten gut zusammendrücken und überschüssige Stärke abschütteln.

12 Auf Zimmertemperatur servieren.

Sie können den Mochi-Teig auch bei 600 Watt über 4 Minuten in der Mikrowelle zubereiten. Dabei gelegentlich umrühren.

1
2
3
4
5
6
Verwenden Sie ruhig reichlich Speisestärke, denn der Mochi-Teig ist sehr klebrig.

7
8
9
10
11
12

Matcha-Schoko-Würfel

Nama chokkoreto-matcha

Das japanische Wort »nama« heißt eigentlich »roh«, bei Süßem bedeutet es jedoch »weich«. Das Matchapulver verleiht diesen Würfeln ihren typisch japanischen Geschmack. Die Schokolade schmilzt förmlich auf der Zunge.

Vorbereitung
20 Minuten

Ruhen
5 Stunden

Garen
Knapp 5 Minuten

Zutaten für 25 Würfel

- 1 rechteckiges Gefäß (für dieses Rezepte habe ich ein quadratisches mit 13 x 13 cm Seitenlänge verwendet)
- 200 g weiße Schokolade
- 2 TL Matchapulver, plus mehr zum Bestäuben
- 1 TL Honig
- 70 g Sahne (32% Fettgehalt)
- 15 g Butter

Zubereitung

1. Das Gefäß mit Backpapier auslegen. Die weiße Schokolade in kleine Stücke brechen und in eine hitzebeständige Schüssel geben.
2. Matchapulver und Honig in einem kleinen Topf mit einem Spatel verrühren.
3. Nach und nach die Sahne zugießen und gut umrühren, damit das Matchapulver keine Klümpchen bildet.
4. Die Mischung auf kleiner Stufe erhitzen (nicht kochen!) und heiß über die Schokolade gießen und umrühren. Sollte die Schokolade nicht gut schmelzen, die Schüssel über ein Wasserbad stellen.
5. Die Butter zufügen und zerlassen. Nochmals umrühren.
6. Die Mischung in die vorbereitete Form gießen und mindestens 5 Stunden oder über Nacht im Kühlschrank fest werden lassen.
7. Die Schokolade aus der Form lösen und in Würfel schneiden (5 Reihen und 5 Spalten). Mit Matchapulver bestäuben.

Für saubere Schnitte die Klinge zwischendurch mit einem Tuch und warmem Wasser reinigen.

Eis mit grünem Tee

Matcha no aisukuriimu

Eis mit grünem Tee ist in Japan eine Standardeissorte. Man kann es auch mit Roter-Bohnen-Paste servieren.

Vorbereitung
10 Minuten

Tiefkühlen
4–5 Stunden

Garen
5 Minuten

Zutaten für 4 Personen

- 60 g Zucker
- 5 g Matchapulver
- 2 Eigelb
- 200 ml Milch
- 100 g Sahne (30% Fettgehalt)

Zubereitung

1. Zucker und Matchapulver vermengen.
2. Die Eigelbe in eine hitzebeständige Schüssel geben und mit der Zucker-Matcha-Mischung verrühren.
3. Die Milch in einem kleinen Topf erhitzen (nicht kochen!).
4. Die heiße Milch in die Eimischung rühren.
5. Alles zurück in den Topf geben.
6. Auf niedriger Stufe erhitzen, bis die Mischung eindickt.
7. Die Masse durch ein Sieb in eine Schale streichen und in einem kalten Wasserbad abkühlen lassen.
8. Die Sahne ohne Zucker aufschlagen.
9. Sobald die Matchamasse abgekühlt ist, die Schlagsahne vorsichtig mit einem Spatel unterheben.
10. In einen Gefrierbehälter füllen und für 4–5 Stunden in den Tiefkühler stellen. Nach 2 Stunden mit einem Löffel durchrühren.

Die Sahne schlagen, bis sich beim Herausziehen der Quirle weiche Spitzen bilden. Nicht darüber hinaus weiterschlagen, sonst klumpt die Sahne und das Eis wird nicht so luftig.

Das Eis sollte innerhalb weniger Tagen verspeist werden, weil sich sonst die Konsistenz verändert.

Milchgelee

Gyunyu-kanten

In Japan ist dieses Dessert in sogenannten Kombinis erhältlich – das sind kleine Supermärkte, die jeden Tag rund um die Uhr geöffnet sind. Dies ist ein sehr leichtes Dessert, das man gut zu Hause zubereiten kann.

Vorbereitung
5 Minuten

Ruhen
1 Stunde

Garen
5 Minuten

Zutaten für 4 Personen

- 1 kleine Kastenform (7 x 16,5 cm Boden, 6,5 cm hoch)
- 1 Orange (alternativ jede andere beliebige Frucht)
- 300 ml Wasser
- 4 g Agar-Agar
- 50 g Zucker
- 200 ml Milch

Zubereitung

1. Die Orange schälen und filetieren.
2. Das Wasser in einen Topf füllen und das Agar-Agar einrühren. Zum Kochen bringen und 2 Minuten köcheln lassen.
3. Den Zucker einrühren.
4. Die Milch zugießen.
5. Die Milchmischung in die Form füllen und die Orangenfilets darauflegen.
6. Abkühlen lassen, dann mindestens für 1 Stunde in den Kühlschrank stellen.

Wenn Sie Früchte verwenden, die viel Säure enthalten wie etwa Kiwi oder Ananas, wird das Gelee nicht fest. In dem Fall können Sie gezuckerte Konservenware verwenden.

Mochi-Bällchen

Mitarashi dango

Das Rezept für diese Spieße mit Mochi-Bällchen und einer süßen Sauce stammt ursprünglich aus einem Tempel in Kioto. Man kann ihnen kaum widerstehen.

Vorbereitung
5 Minuten

Garen
15 Minuten

Zutaten für 4 Spieße

- 60 g Klebreismehl
- 50 g Reismehl
- 80 ml Wasser

Für die Mitarashi-Sauce

- 3 EL Wasser
- 2 EL Sojasauce
- 2 EL Zucker
- 1 TL Speisestärke

Zubereitung

1. Für die Sauce alle Zutaten in einem kleinen Topf verrühren. So lange erhitzen, bis die Mischung dickflüssig ist. Alternativ in der Mikrowelle zubereiten.
2. Die beiden Reismehlsorten vermengen und das Wasser zufügen. Zu einem Teig verrühren.
3. Aus dem Teig 16 Bällchen formen.
4. Wasser in einem Topf zum Kochen bringen und die Bällchen darin garen.
5. Wenn sie an die Oberfläche gestiegen sind, noch 3 Minuten köcheln lassen.
6. Anschließend sofort in kaltes Wasser legen.
7. Je vier Bällchen auf einen Spieß stecken.
8. Die Spieße in einer Antihaft-Pfanne anbraten.
9. Mit der Sauce übergießen und servieren.

In großen Asiamärkten ist auch Dango-Mehl (Dango-ko) erhältlich, eine Fertigmischung aus Klebreismehl und Reismehl.

Die Bällchen am besten gleich nach dem Zubereiten essen, sonst werden sie hart.

Japanische Bonbons

Kohakutou

»Kohaku« bedeutet »Juwelen« und »tou« Süßigkeit.
Diese japanischen Bonbons gibt es schon seit der Edo-Zeit (1603–1868).

Vorbereitung
5 Minuten

Ruhen
2–4 Tage

Garen
10 Minuten

Zutaten für zwei verschiedene Aromen

- Pflanzenöl
- 200 g Wasser
- 4 g Agar-Agar
- 300 g Zucker

Zum Aromatisieren

- 3 TL Yuzusaft, alternativ Zitronensaft
- 3 TL Obstsirup

Gefäße

- 1 Gefäß mit 11 × 11 cm Seitenlänge
- 1 Gefäß mit 9 × 17 cm Seitenlänge

Zubereitung

1 Die Gefäße mithilfe eines Blatts Küchenpapier mit Pflanzenöl einreiben.

2 Das Wasser in einen Topf geben und das Agar-Agar einrühren.

3 Den Zucker zugeben, umrühren und 5–10 Minuten kochen, bis die Mischung eindickt. Sie sollte eine Konsistenz wie Gummi haben.

4 In die vorbereiteten Gefäße einfüllen.

5 Die gewünschten Aromen wie zum Beispiel Zitronensaft oder Obstsirup zugeben und gut umrühren.

6 1 Stunde im Kühlschrank abkühlen lassen.

7 Die Masse aus der Form stürzen und mit einem Messer in Würfel schneiden.

8 Nun werden Sie auf eine Geduldsprobe gestellt: Legen Sie die Würfel auf eine Lage Backpapier und lassen Sie sie 2–4 Tage an einem kühlen Ort (nicht im Kühlschrank) trocknen. Dadurch werden die Bonbons außen leicht knusprig und innen schön weich.

Rote-Bohnen-Paste

Anko

Diese Paste ist eine sehr typische Zutat für japanische Süßigkeiten oder Küchlein.

Vorbereitung
5 Minuten

Garen
10–15 Minuten

Zutaten für Bohnen-Paste

- 500 g Azukibohnen oder weiße Bohnen aus der Dose (Abtropfgewicht)
- 170 g Zucker

Die Paste hält sich 4–5 Tage im Kühlschrank.

Zubereitung

1. Die Bohnen abspülen und abtropfen lassen.
2. Mit dem Zucker in einen Topf geben.
3. Auf kleiner Stufe und unter Rühren langsam erhitzen.
4. Wenn der Zucker vollständig aufgelöst ist, die Bohnen im Mixer oder mit einem Stabmixer pürieren.
5. Die Masse wieder erhitzen, sodass die Flüssigkeit verdampft.
6. Abkühlen lassen.

Üblicherweise werden in der japanischen Küche für die Paste Azukibohnen verwendet. Wenn Sie erst einmal experimentieren möchten, können Sie auch andere rote Bohnen aus dem Supermarkt verwenden.

Rezeptverzeichnis

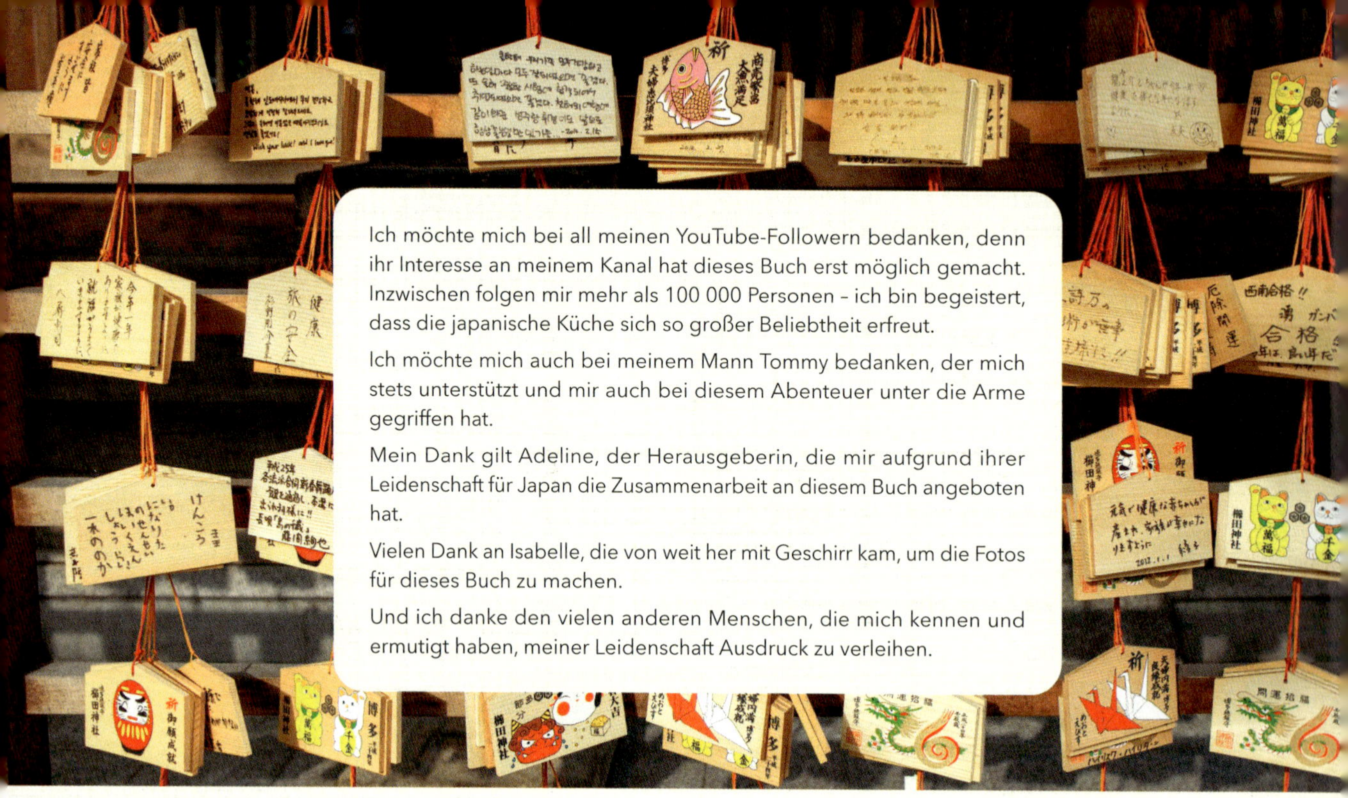

Ich möchte mich bei all meinen YouTube-Followern bedanken, denn ihr Interesse an meinem Kanal hat dieses Buch erst möglich gemacht. Inzwischen folgen mir mehr als 100 000 Personen – ich bin begeistert, dass die japanische Küche sich so großer Beliebtheit erfreut.

Ich möchte mich auch bei meinem Mann Tommy bedanken, der mich stets unterstützt und mir auch bei diesem Abenteuer unter die Arme gegriffen hat.

Mein Dank gilt Adeline, der Herausgeberin, die mir aufgrund ihrer Leidenschaft für Japan die Zusammenarbeit an diesem Buch angeboten hat.

Vielen Dank an Isabelle, die von weit her mit Geschirr kam, um die Fotos für dieses Buch zu machen.

Und ich danke den vielen anderen Menschen, die mich kennen und ermutigt haben, meiner Leidenschaft Ausdruck zu verleihen.

1. Auflage

Originaltitel: Les recettes d'une japonaise – La cuisine japonaise au quotidien

ISBN 978-3-8094-4621-7

Für die Originalausgabe
Direction d'édition: Thierry Lamarre
Édition: Adeline Lobut
Création et réalisation: Saori Laurent
Correction-révision: Isabelle Misery
Photographies: Isabelle Kanako
Conception graphique et mise en pages: Either studio/Valérie Verroye

Für die deutsche Ausgabe
Umschlaggestaltung: Atelier Versen, Bad Aibling
Herstellung: Elke Cramer
Projektleitung: Anja Halveland

Realisierung der deutschen Ausgabe: trans texas publishing services GmbH, Köln
Übersetzung: Antje Seidel (für trans texas)
Satz: Satzwerk Huber, Germering
Druck: Appl, aprinta, Wemding
Printed in Germany

Penguin Random House Verlagsgruppe FSC® N001967

Eine Schüssel voll Glück

80 Seiten, vierfarbig bebildert
ISBN 978-3-8094-4520-3

Mit maximal 6 Zutaten ist es so einfach, diese beliebten asiatischen Nudelsuppen zuzubereiten. Ob mit Fleisch, Geflügel, Fisch oder vegetarisch, ob Miso, Shoyo oder Shio: verwöhnen Sie sich mit köstlichen Brühen, angereichert mit Nudeln, Teigtaschen und Ei. Köstlich, wohltuend und dazu noch low carb.

Besuchen Sie uns auch auf 

www.bassermann-verlag.de